MANOEL ARAUJO ALVES

GESTÃO DE TI E SEGURANÇA

Práticas Essenciais para Ambientes Corporativos

MANOEL ARAUJO ALVES

GESTÃO DE TI E SEGURANÇA – PRÁTICAS ESSENCIAIS PARA AMBIENTES CORPORATIVOS

Coordenação editorial:
Gilson Mello

Projeto gráfico:
Flórida Business Academy

Correção, revisão e copidesque:
Fabiana Mello

Direção Geral:
Gilson Mello

Todos os direitos reservados e protegidos pela Lei nº 9.610, de 19/02/1998.

É expressamente proibida a reprodução total ou parcial deste livro, por quaisquer meios (eletrônicos, mecânicos, fotográficos, gravação e outros), sem prévia autorização por escrito da editora.

Primeira edição 2024

Dados Internacionais de Catalogação na Publicação (CIP)
Araujo Alves, Manoel
Gestão de TI e Segurança:
Práticas essenciais para ambientes corporativos
Manoel Araujo Alves; Orlando-FL: Flórida Business Academy
Tecnologia, 2024.
159 p.
ISBN: 9798338295120
1. Tecnoligia 2. Negócios. 3. Informática

Sumário

Prefácio -- 5

Introdução --- 11

Capítulo 1:

Fundamentos da Segurança da Informação --------------- 17

Capítulo 2:

Avaliação de Riscos e Vulnerabilidade ----------------------- 27

Capítulo 3:

Políticas de Segurança Corporativa ---------------------------- 37

Capítulo 4:

Controle de Acesso e Autenticação ---------------------------- 49

Capítulo 5:

Backup e Recuperação de Dados ----------------------------- 59

Capítulo 6:

Proteção Contra Ameaças e Externas ----------------------- 71

Capítulo 7:

Automação e Monitoramento de Segurança -------------- 83

Capítulo 8:

Proteção de Dados e Compliance ----------------------------- 95

Capítulo 9:

Educação e Cultura de Segurança --------------------------- 107

Capítulo 10:

Planejamento de Continuidade de Negócios ------------- 119

Capítulo 11:

Inovação e Transformação Digital Segura ------------------ 131

Capítulo 12:

Futuro da Segurança da Informação e Tendências Emergentes --- 143

Conclusão -- 155

MANOEL ARAUJO ALVES

Ao longo de mais de 25 anos de carreira na área de Tecnologia da Informação, tive a oportunidade de vivenciar transformações profundas nos ambientes corporativos. Meu trabalho em empresas de grande porte, como a Petrobras, onde participei de projetos críticos como o Projeto Sinergia, me ensinou que a eficiência operacional e a segurança da informação não são apenas questões técnicas, mas pilares fundamentais para o sucesso de qualquer organização. Ao fundar a MA Security Technologies, percebi a importância de aplicar esse conhecimento acumulado ao longo dos anos para ajudar outras empresas a se protegerem e se adaptarem a um mundo cada vez mais digital e conectado.

A motivação para escrever este livro nasceu da minha experiência prática e da constatação de que muitos empresários e profissionais de ambientes corporativos enfrentam desafios na gestão de TI e na implementação de medidas de segurança adequadas.

Acredito que, ao compartilhar o que aprendi ao longo da minha jornada, posso contribuir para que mais empresas adotem soluções eficazes e práticas para proteger suas operações e dados.

A segurança da informação é um dos grandes desafios do nosso tempo. Com o avanço das tecnologias e a crescente dependência de sistemas digitais, as ameaças cibernéticas se tornaram mais sofisticadas e frequentes. É fundamental que as organizações estejam preparadas para proteger seus ativos e garantir a continuidade de seus negócios. Este livro tem como objetivo apresentar práticas essenciais de gestão de TI e segurança, de forma acessível, especialmente para aqueles que não possuem um conhecimento técnico profundo, mas que precisam entender como proteger suas empresas.

Ao longo deste livro, você encontrará orientações práticas, exemplos reais e soluções aplicáveis para aprimorar a segurança de sua organização. Desde os fundamentos da segurança da informação até a implementação de políticas robustas de controle de acesso e automação, meu objetivo é fornecer um guia prático que qualquer empresário ou gestor possa aplicar em seu ambiente corporativo. Espero que esta leitura o inspire a adotar uma abordagem mais proativa e estratégica para a gestão de TI e a segurança da informação em sua empresa.

Manoel Araujo Alves

MANOEL ARAUJO ALVES

INTRODUÇÃO

MANOEL ARAUJO ALVES

Nos últimos anos, a tecnologia da informação evoluiu rapidamente, e com ela, as necessidades de segurança nas empresas também se intensificaram. Vivemos em um mundo cada vez mais digitalizado, onde dados e sistemas são cruciais para a continuidade dos negócios. No entanto, essa dependência da tecnologia também nos torna mais vulneráveis a ameaças cibernéticas e falhas operacionais. Como um profissional com mais de 25 anos de experiência em TI, especialmente no setor de segurança da informação, tive o privilégio de trabalhar com grandes corporações e enfrentar desafios tecnológicos que muitas empresas ainda desconhecem. Minha jornada profissional, desde o início em empresas como Hatikva Informática até minha atuação em projetos estratégicos na Petrobras, mostrou-me que a segurança não pode ser tratada como um aspecto secundário, mas como um pilar central para qualquer operação bem-sucedida.

A motivação para escrever este livro veio da necessidade de compartilhar o que aprendi ao longo desses anos. Percebi que muitos empresários e gestores não possuem o conhecimento técnico necessário para implementar soluções eficazes de segurança de TI em suas empresas. Em muitas ocasiões, encontrei empresas que não estavam preparadas para lidar com problemas críticos de segurança e que, ao sofrerem ataques ou falhas em seus sistemas, enfrentaram sérias dificuldades operacionais e financeiras. Acredito que, com as informações corretas e o uso de práticas simples, qualquer empresa, independentemente do seu porte, pode adotar soluções eficazes que protejam seus dados e garantam a continuidade dos negócios.

É importante notar que a segurança da informação não é um problema exclusivamente técnico. Embora seja necessária uma base de conhecimento técnico, muitas das soluções envolvem mudanças de comportamento, como a conscientização de funcionários, a criação de políticas claras de segurança e a adoção de processos que previnam riscos. Empresas que negligenciam esses aspectos estão expondo suas operações a riscos consideráveis. A automação, por exemplo, é uma aliada poderosa na redução de erros e no aumento da eficiência. No entanto, é vital que esses sistemas automatizados sejam configurados com segurança e monitorados continuamente para evitar vulnerabilidades.

Nos capítulos a seguir, discutirei, de forma prática e acessível, as principais questões de segurança da informação que afetam os ambientes corporativos hoje. Abordarei temas que variam desde os fundamentos da segurança da informação até as tendências mais recentes, como a utilização de inteligência artificial e automação no suporte técnico e na proteção de dados. O objetivo é fornecer a empresários e gestores corporativos um guia prático que permita a implementação de medidas de segurança eficazes, sem a necessidade de conhecimentos técnicos profundos.

Outro ponto importante a ser explorado é a adaptação das empresas às constantes mudanças no cenário tecnológico. O mundo corporativo atual exige soluções rápidas e eficientes. A migração de sistemas, por exemplo, é um processo que, quando mal executado, pode paralisar completamente uma operação. Passei por esse processo inúmeras vezes em projetos de grande porte, como o Projeto Sinergia da Petrobras, e entendo a importância de uma gestão cuidadosa e de uma abordagem estruturada para minimizar o tempo de inatividade e garantir a integridade dos dados.

Este livro é para aqueles que desejam proteger suas empresas, melhorar a eficiência de seus sistemas e garantir a segurança de seus dados. Não importa o tamanho da sua organização; a segurança é um tema que deve ser tratado com seriedade. O conhecimento acumulado ao longo de anos de trabalho em projetos complexos e de grande escala será apresentado de maneira simples e direta, de modo que qualquer leitor, independentemente de sua familiaridade com o tema, possa entender e aplicar as lições aprendidas.

Espero que, ao final desta leitura, você tenha uma compreensão clara das ameaças e soluções disponíveis para proteger sua empresa e possa tomar decisões informadas que garantirão a segurança e a continuidade de suas operações.

CAPÍTULO 01

Fundamentos da Segurança da Informação

MANOEL ARAUJO ALVES

A segurança da informação é um dos pilares fundamentais para garantir o funcionamento eficiente e seguro de qualquer organização. No entanto, muitos empresários e gestores ainda carecem de um entendimento claro dos princípios básicos que formam a base dessa área crítica. A falta de conhecimento sobre os fundamentos da segurança da informação pode expor uma empresa a riscos que, em alguns casos, podem comprometer toda a sua operação. Este capítulo tem como objetivo apresentar os conceitos essenciais de segurança da informação, explicando como a aplicação desses princípios pode proteger uma empresa contra ameaças internas e externas, além de garantir a continuidade dos negócios.

Os Pilares da Segurança da Informação: Confidencialidade, Integridade e Disponibilidade

A segurança da informação é construída sobre três pilares principais: confidencialidade, integridade e disponibilidade, também conhecidos como a "Tríade CID". Esses três conceitos fornecem a base para todas as práticas e políticas de segurança que uma organização deve adotar.

Confidencialidade: Refere-se à garantia de que a informação está acessível apenas para aqueles que estão devidamente autorizados. Em ambientes corporativos, isso significa que dados sensíveis, como informações de clientes, estratégias empresariais e documentos financeiros, devem ser protegidos contra acessos não autorizados. A implementação de autenticação forte e controle de acesso são práticas essenciais para manter a confidencialidade.

Integridade: Trata-se de assegurar que a informação é precisa e não foi alterada indevidamente. A integridade protege os dados contra modificação ou destruição não autorizada, seja intencional ou acidental. Isso é crucial para garantir que as decisões empresariais sejam baseadas em dados confiáveis e corretos. Práticas como assinaturas digitais e backups regulares ajudam a manter a integridade da informação.

Disponibilidade: Refere-se à garantia de que a informação e os sistemas estarão acessíveis quando necessário. Um sistema pode ser seguro contra ameaças externas, mas se ele não estiver disponível para os usuários legítimos no momento certo, a segurança como um todo é comprometida. A disponibilidade envolve a criação de infraestruturas robustas que minimizem o tempo de inatividade, o uso de soluções de backup e recuperação de desastres.

Compreender e implementar esses três pilares é o primeiro passo para construir uma base sólida de segurança da informação em qualquer empresa. Ao seguir esses princípios, os gestores podem criar sistemas que são mais resistentes a ataques e falhas.

Conceitos de Risco e Vulnerabilidade em TI

Outro conceito essencial na segurança da informação é o entendimento de risco e vulnerabilidade. O risco pode ser definido como a probabilidade de que uma ameaça (como um ataque cibernético ou uma falha de sistema) explore uma vulnerabilidade e cause dano à organização. Já a vulnerabilidade refere-se às fraquezas em um sistema que podem ser exploradas por essas ameaças.

Em termos práticos, toda empresa está exposta a riscos, mas a extensão desses riscos depende de diversos fatores, como o nível de segurança implementado, as tecnologias utilizadas e o comportamento dos funcionários. Algumas vulnerabilidades comuns incluem a falta de atualizações de software, configurações de segurança inadequadas e práticas de gerenciamento de senhas fracas.

A análise de risco é fundamental para priorizar os esforços de segurança. Nenhuma empresa consegue eliminar todos os riscos, mas é possível reduzir drasticamente os que têm maior probabilidade de causar prejuízos significativos. Por exemplo, se uma empresa depende de sistemas online para processar pagamentos, ela precisa garantir que esses sistemas estejam protegidos contra fraudes e ataques cibernéticos.

A Importância da Segurança da Informação para a Continuidade dos Negócios

A segurança da informação é diretamente ligada à continuidade dos negócios. Imagine que uma empresa sofre um ataque cibernético que compromete os dados de seus clientes ou paralisa suas operações por dias ou semanas. As consequências podem ser devastadoras: perda de receita, danos à reputação e até ações legais.

Garantir a segurança da informação não é apenas uma questão técnica, mas uma necessidade estratégica para a sobrevivência e o crescimento de qualquer organização. A continuidade dos negócios depende de uma infraestrutura segura que proteja dados críticos e mantenha os sistemas operacionais em funcionamento, mesmo em caso de incidentes. Investir em segurança não é um custo, mas uma medida preventiva que evita problemas muito maiores no futuro.

Empresas que priorizam a segurança estão melhor preparadas para enfrentar crises e retomar suas operações rapidamente após um incidente. Isso se traduz em uma vantagem competitiva, já que a confiança dos clientes e parceiros de negócios é fundamental para o sucesso contínuo.

Os Impactos de Não Investir em Segurança

Ignorar a segurança da informação pode resultar em uma série de problemas, muitos dos quais têm consequências financeiras e reputacionais graves. Entre os impactos mais comuns estão:

Perda de Dados: A perda de dados críticos, seja por um ataque cibernético ou falha de sistema, pode paralisar operações, gerar custos altos para recuperação e comprometer a confiança dos clientes.

Interrupção das Operações: Sistemas não disponíveis ou comprometidos podem impedir a continuidade das operações, resultando em perda de receita, atraso na entrega de produtos e serviços, além de danos à reputação.

Fraudes e Vazamento de Informações: Sem uma segurança adequada, as empresas ficam vulneráveis a fraudes internas e externas. Informações vazadas podem ser usadas contra a empresa ou seus clientes, resultando em processos judiciais e multas regulatórias.

Multas e Sanções Legais: A legislação de proteção de dados, como a LGPD no Brasil e a GDPR na Europa, impõe regras rigorosas sobre a forma como as empresas devem proteger as informações de seus clientes. O não cumprimento dessas regulamentações pode resultar em multas severas.

Concluindo, a segurança da informação é uma necessidade vital para as empresas no ambiente digital de hoje. Ao investir em medidas preventivas e proativas, os empresários podem garantir não apenas a proteção de seus dados e operações, mas também a confiança de seus clientes e a continuidade de seus negócios.

CAPÍTULO 02

Avaliação de Riscos e Vulnerabilidades

MANOEL ARAUJO ALVES

No mundo corporativo, a avaliação de riscos e vulnerabilidades é um dos processos mais importantes para garantir a segurança da informação e a continuidade das operações. Infelizmente, muitas empresas não dedicam tempo e recursos suficientes para entender seus pontos fracos e os riscos associados a eles. Isso as deixa expostas a ameaças internas e externas que podem comprometer seus dados, sistemas e, em última instância, sua reputação e estabilidade financeira. Este capítulo apresenta métodos simples e eficazes para avaliar riscos e vulnerabilidades, permitindo que empresas de todos os portes possam se proteger de maneira mais eficaz.

Métodos Simples de Avaliação de Riscos e Vulnerabilidades

A avaliação de risco é o processo de identificar, analisar e avaliar ameaças potenciais que podem afetar os ativos e as operações da empresa. Para muitas organizações, isso pode parecer uma tarefa complexa, mas há métodos simples que podem ser implementados sem grandes investimentos em tecnologia ou consultoria.

Entendimento dos Riscos: O primeiro passo é compreender que o risco é uma combinação da probabilidade de um incidente ocorrer e o impacto que esse incidente teria sobre os negócios. Incidentes podem variar desde a falha de um servidor, um ataque cibernético, até uma violação de dados confidenciais. A análise de risco começa com a identificação dessas ameaças e a avaliação de sua probabilidade e impacto.

Checklists de Vulnerabilidades: Utilizar checklists de vulnerabilidades pode ser uma forma eficiente e acessível de começar o processo de avaliação. Ferramentas de checklist ajudam as empresas a revisar sistematicamente suas infraestruturas de TI, políticas de segurança e práticas de uso de tecnologia. Alguns itens incluem: proteção por senhas, controle de acesso a dados, políticas de atualização de software e monitoramento de redes.

Entrevistas e Questionários Internos: Outra técnica eficaz é a realização de entrevistas com funcionários e a aplicação de questionários que visam identificar possíveis vulnerabilidades no uso cotidiano dos sistemas da empresa. Os colaboradores muitas vezes estão na linha de frente e podem perceber falhas ou comportamentos que comprometem a segurança, mas que passam despercebidos pelos gestores.

Uma avaliação simples, mas bem estruturada, pode fornecer informações críticas sobre onde os maiores riscos residem e quais áreas precisam de atenção imediata.

Como Identificar Ativos Críticos para o Negócio

Nem todos os sistemas, dados ou processos dentro de uma empresa são igualmente importantes. Portanto, é crucial que as organizações identifiquem seus ativos críticos — aqueles que, se comprometidos, podem paralisar suas operações ou causar danos irreparáveis. A identificação desses ativos é o primeiro passo para concentrar os esforços de segurança onde realmente importa.

Os ativos críticos geralmente incluem:

Dados Confidenciais: Informações sensíveis sobre clientes, contratos, segredos industriais, dados financeiros e estratégicos. O vazamento dessas informações pode resultar em sanções legais e danos à reputação.

Sistemas Essenciais: Softwares e plataformas que suportam o funcionamento diário da empresa, como ERPs, sistemas de pagamento e gerenciamento de inventário. A interrupção desses sistemas pode prejudicar a operação.

Infraestrutura de TI: Servidores, redes e dispositivos conectados que mantêm a empresa funcionando online. A interrupção de qualquer parte dessa infraestrutura pode causar grandes perdas financeiras.

Uma vez identificados os ativos críticos, a empresa deve avaliar os riscos associados a eles e adotar medidas para garantir sua segurança e integridade. Isso inclui controles de acesso mais rigorosos, backups regulares, criptografia de dados e monitoramento contínuo desses ativos.

Priorizar os Riscos Identificados

Após a avaliação dos riscos e vulnerabilidades, a próxima etapa é priorizá-los. Nenhuma empresa pode eliminar completamente todos os riscos. Por isso, é necessário concentrar esforços nos riscos mais prováveis e que possam causar os maiores impactos.

A priorização de riscos pode ser feita com base em dois critérios principais:

Probabilidade: Qual a chance de um determinado risco se materializar? Por exemplo, uma empresa que utiliza sistemas antigos e desatualizados está mais exposta a ataques cibernéticos, o que torna esse risco mais provável.

Impacto: Qual seria o impacto desse risco caso ocorresse? Por exemplo, a falha de um servidor de e-mail pode ter um impacto menor do que a perda de dados confidenciais de clientes. A empresa deve priorizar a mitigação dos riscos que têm o potencial de causar o maior dano.

Para ajudar na priorização, as empresas podem usar uma matriz de risco, onde os riscos são plotados de acordo com sua probabilidade e impacto. Isso ajuda a visualizar quais riscos precisam ser tratados imediatamente e quais podem ser monitorados com menor urgência.

Exemplos Reais de Falhas de Segurança

Para ilustrar a importância da avaliação de riscos e vulnerabilidades, é útil observar exemplos reais de falhas de segurança que ocorreram em grandes corporações. Esses exemplos mostram que, independentemente do tamanho da empresa, a negligência na avaliação de riscos pode resultar em consequências graves.

Equifax (2017): A gigante americana de crédito sofreu uma das maiores violações de dados da história, afetando mais de 147 milhões de pessoas. A falha de segurança foi causada por uma vulnerabilidade conhecida em um software que não foi corrigida a tempo. O impacto foi devastador, tanto em termos financeiros quanto em termos de confiança do público.

Target (2013): A rede de lojas americana Target sofreu um ataque cibernético que expôs informações de mais de 40 milhões de cartões de crédito de clientes. O ataque ocorreu através de um fornecedor terceirizado com acesso insuficientemente protegido aos sistemas da empresa. Esse caso mostra a importância de avaliar não apenas os riscos internos, mas também aqueles que envolvem parceiros e fornecedores.

Sony Pictures (2014): A Sony foi alvo de um ataque devastador que resultou no vazamento de informações confidenciais, filmes inéditos e e-mails internos. A falta de políticas robustas de segurança e a ausência de backups adequados foram fatores que agravaram o impacto do ataque. O custo financeiro e a perda de confiança na marca foram significativos.

Esses casos demonstram a necessidade de uma avaliação contínua e rigorosa dos riscos e vulnerabilidades dentro das organizações. Ignorar sinais de alerta ou subestimar os riscos pode levar a consequências catastróficas.

A avaliação de riscos e vulnerabilidades é uma etapa essencial para garantir que as empresas não sejam surpreendidas por incidentes de segurança. Utilizando métodos simples de avaliação, identificando os ativos críticos e priorizando os riscos mais importantes, qualquer organização pode estar mais preparada para proteger seus dados, sistemas e operações. Lembre-se de que as ameaças estão sempre presentes, mas com uma avaliação cuidadosa e uma abordagem proativa, é possível minimizar os impactos e garantir a continuidade dos negócios.

CAPÍTULO 03

Políticas de Segurança Corporativa

Um dos maiores desafios enfrentados por muitas empresas na atualidade é a falta de políticas claras e consistentes de segurança da informação. Sem essas diretrizes, as organizações ficam vulneráveis a ameaças internas e externas, já que os funcionários não possuem uma orientação definida sobre como proteger os ativos digitais da empresa. Além disso, a ausência de políticas claras pode levar a falhas de comunicação entre os setores e tornar os processos de segurança desorganizados e ineficazes. Este capítulo irá definir o que são políticas de segurança, sua importância, e como as empresas podem criá-las e implementá-las de maneira eficaz.

O Que São Políticas de Segurança e Por Que São Importantes?

Políticas de segurança corporativa são conjuntos de diretrizes e regras que estabelecem como uma empresa deve proteger seus dados, sistemas e infraestrutura contra ameaças. Essas políticas definem claramente as responsabilidades de cada membro da organização em relação à segurança da informação, bem como os procedimentos a serem seguidos em caso de incidentes.

A importância de políticas de segurança não pode ser subestimada. Elas servem como uma base para a governança de TI e garantem que todos os colaboradores, independentemente de seus níveis de conhecimento técnico, sigam práticas adequadas para proteger a empresa. Sem uma política clara, os funcionários podem não saber como reagir a ameaças ou podem cometer erros que comprometam a segurança dos dados. Além disso, políticas de segurança bem elaboradas ajudam as empresas a estarem em conformidade com regulamentações, como a Lei Geral de Proteção de Dados (LGPD) no Brasil, evitando multas e sanções legais.

As políticas de segurança são também uma forma de proteger os ativos mais valiosos da empresa, como informações confidenciais e dados sensíveis de clientes e parceiros. Ao implementar políticas que regulamentam o uso de tecnologia, acessos e procedimentos de resposta a incidentes, as empresas podem reduzir os riscos e fortalecer sua postura de segurança.

Como Criar Políticas Básicas de Segurança

Criar políticas de segurança eficazes exige um entendimento claro das necessidades da empresa, das ameaças específicas ao seu setor de atuação e dos recursos disponíveis para mitigar esses riscos. Aqui estão alguns passos essenciais para começar a desenvolver políticas básicas de segurança:

Estabelecer Regras de Uso de Senhas: Senhas fracas e mal gerenciadas são uma das principais portas de entrada para ataques cibernéticos. As políticas de senha devem exigir que todos os funcionários usem senhas fortes, compostas por combinações de letras maiúsculas e minúsculas, números e símbolos. Além disso, deve-se exigir a troca periódica de senhas e a não reutilização de senhas antigas. Outra boa prática é a implementação de autenticação multifator (MFA), que adiciona uma camada extra de segurança.

Definir Níveis de Acesso a Dados: Nem todos os funcionários precisam ter acesso a todos os dados da empresa. Políticas de segurança devem estabelecer regras claras sobre quem pode acessar quais informações e como esses acessos serão controlados. O princípio do acesso mínimo deve ser adotado, permitindo que os colaboradores acessem apenas os dados e sistemas que são absolutamente necessários para o desempenho de suas funções.

Uso de Dispositivos Pessoais e BYOD: Muitas empresas adotam o uso de dispositivos pessoais para o trabalho, conhecido como BYOD (Bring Your Own Device). As políticas de segurança devem definir regras claras para o uso desses dispositivos, como a exigência de softwares de segurança atualizados, criptografia de dados e a proibição de acessar informações confidenciais de redes não seguras.

Criação de Procedimentos de Backup: As políticas devem incluir procedimentos claros sobre como os backups de dados serão realizados e armazenados. A política deve detalhar a frequência dos backups, quem é responsável por realizá-los e como os dados serão restaurados em caso de perda.

Gestão de Incidentes: Cada política de segurança deve conter um plano de resposta a incidentes, descrevendo como a empresa reagirá a uma violação de dados ou ataque cibernético. Isso inclui notificar as autoridades competentes, comunicar o incidente aos clientes, e iniciar um plano de recuperação para minimizar o impacto.

Esses são exemplos de políticas básicas, mas que cobrem áreas críticas para qualquer empresa, independentemente do seu porte.

Comunicação e Educação dos Funcionários

Uma política de segurança só é eficaz se todos na organização a entenderem e a seguirem. Portanto, um dos aspectos mais importantes da implementação de políticas de segurança é a comunicação clara e a educação dos funcionários. Muitas vezes, as maiores vulnerabilidades de uma empresa não vêm de falhas tecnológicas, mas sim de erro humano — seja por negligência ou falta de conhecimento.

Aqui estão alguns passos para garantir que as políticas de segurança sejam compreendidas e seguidas por toda a equipe:

Treinamentos Regulares: Os funcionários devem passar por treinamentos regulares sobre segurança da informação, onde aprenderão sobre as políticas da empresa e as melhores práticas de segurança. O treinamento deve ser adaptado ao nível técnico dos colaboradores, utilizando uma linguagem simples e exemplos práticos para facilitar o entendimento.

Manuais e Guias de Políticas: Fornecer aos funcionários manuais ou guias digitais contendo todas as políticas de segurança. Esse material deve estar disponível de forma acessível para consulta sempre que necessário. Além disso, o manual deve incluir diretrizes claras sobre como os colaboradores devem se comportar em casos de incidentes ou situações de risco.

Campanhas de Conscientização: Realizar campanhas periódicas de conscientização sobre segurança, utilizando e-mails, posters e até workshops para reforçar a importância do cumprimento das políticas. Essas campanhas podem focar em temas como o uso correto de senhas, a identificação de tentativas de phishing e a importância de relatar atividades suspeitas imediatamente.

Monitoramento de Conformidade: Não basta apenas comunicar as políticas — é importante monitorar o cumprimento delas. A empresa pode adotar mecanismos de auditoria interna para garantir que as políticas estão sendo seguidas corretamente. O não cumprimento das políticas deve ser tratado com seriedade, e os colaboradores que não aderirem às diretrizes podem ser submetidos a treinamentos adicionais ou, em casos mais graves, a medidas disciplinares.

Exemplos de Políticas de Segurança Bem-Sucedidas

Algumas empresas adotaram políticas de segurança exemplares que podem servir como modelo para outras organizações. Aqui estão dois exemplos notáveis:

Google: O Google possui uma política de segurança conhecida como "BeyondCorp", que elimina a necessidade de uma rede corporativa tradicional. No lugar, cada usuário e dispositivo é autenticado e autorizado individualmente, o que permite que os funcionários trabalhem de qualquer lugar de forma segura. Isso elimina a dependência de uma rede interna para proteção e aumenta a flexibilidade sem comprometer a segurança.

Netflix: A Netflix adota uma abordagem de "Segurança por Design", onde a segurança é incorporada em cada etapa do desenvolvimento de software. Suas políticas incluem auditorias contínuas, testes automatizados de segurança e uma forte cultura de segurança em toda a organização. Isso garante que a segurança não seja uma consideração de última hora, mas uma parte fundamental de todas as operações da empresa.

As políticas de segurança corporativa são a espinha dorsal de uma estratégia eficaz de segurança da informação. Elas fornecem as diretrizes necessárias para proteger os ativos da empresa e garantir que os funcionários saibam como se comportar em situações de risco. Ao criar políticas claras e investir na educação dos funcionários, as empresas podem reduzir significativamente os riscos de violação de dados e melhorar sua postura de segurança. A implementação dessas políticas é um investimento essencial para a proteção da empresa, seus clientes e parceiros.

MANOEL ARAUJO ALVES

CAPÍTULO 04

Controle de Acesso e Autenticação

MANOEL ARAUJO ALVES

O controle de acesso e a autenticação são duas das ferramentas mais essenciais para garantir a segurança da informação em ambientes corporativos. No entanto, muitas empresas ainda falham em implementar controles robustos, deixando suas redes e sistemas expostos a ameaças internas e externas. Um controle inadequado de acesso pode resultar em usuários com permissões excessivas, ou mesmo em acessos não autorizados a dados confidenciais, o que representa um risco significativo para qualquer organização. Este capítulo aborda a importância do controle de acesso e da autenticação forte, oferecendo soluções práticas para empresas de todos os tamanhos.

A Importância do Controle de Acesso e Autenticação Forte

O controle de acesso envolve a capacidade de gerenciar quem tem permissão para visualizar, modificar ou acessar determinados sistemas e informações dentro da organização. Já a autenticação é o processo de verificar a identidade de um usuário, geralmente por meio de uma senha ou outro método de verificação.

A razão pela qual o controle de acesso e a autenticação são fundamentais é simples: sem essas proteções, qualquer pessoa pode ter acesso aos sistemas da empresa, incluindo pessoas mal-intencionadas, como hackers ou mesmo funcionários descontentes. Além disso, o controle inadequado de acesso permite que os colaboradores acessem informações além das necessárias para o desempenho de suas funções, aumentando os riscos de vazamento ou uso indevido de dados.

O controle de acesso deve ser visto como uma barreira fundamental que protege os ativos críticos da empresa. Ele deve ser baseado no princípio do menor privilégio, que afirma que cada usuário deve ter apenas as permissões mínimas necessárias para realizar suas tarefas. Combinado com uma autenticação forte, o controle de acesso cria uma camada de segurança robusta que ajuda a proteger a organização contra acessos não autorizados e outras ameaças.

Autenticação Multifator e Controle de Privilégios

Uma das maneiras mais eficazes de fortalecer a segurança do acesso é por meio da autenticação multifator (MFA). A autenticação multifator adiciona uma camada extra de segurança, exigindo que o usuário forneça mais de uma forma de verificação de identidade. Geralmente, isso inclui algo que o usuário sabe (uma senha) e algo que ele tem (um token ou um código enviado ao telefone, por exemplo).

Os benefícios da autenticação multifator são claros:

Dificuldade em comprometer contas: Mesmo que um invasor obtenha a senha de um usuário, ele não poderá acessar a conta sem o segundo fator de autenticação.

Acessos mais seguros: Combinada com controles de privilégios adequados, a MFA garante que apenas as pessoas certas, com as permissões corretas, tenham acesso às informações mais sensíveis.

Além da autenticação forte, outro pilar importante do controle de acesso é a gestão de privilégios. Isso envolve a definição de quais funcionários têm permissão para acessar certos sistemas ou informações. Como mencionado anteriormente, o princípio do menor privilégio deve ser aplicado para garantir que os usuários só possam acessar os recursos de TI que são absolutamente necessários para seu trabalho.

Os administradores de TI devem monitorar e revisar regularmente os níveis de privilégio dos usuários. Em muitos casos, permissões são concedidas temporariamente a colaboradores para projetos específicos, mas essas permissões não são revogadas ao final do projeto, o que aumenta o risco de abuso de acesso.

Monitoramento de Acessos e Resposta a Atividades Suspeitas

Implementar um controle de acesso eficaz é apenas uma parte do processo; é igualmente importante monitorar os acessos para garantir que não haja atividades suspeitas ou não autorizadas. As empresas devem adotar ferramentas e processos que permitam rastrear quem acessa seus sistemas, quando e com que finalidade. Esse monitoramento ajuda a identificar potenciais ameaças e a responder rapidamente a incidentes de segurança.

Aqui estão algumas práticas recomendadas para o monitoramento de acessos:

Logs de Acesso: Certifique-se de que todos os acessos a sistemas críticos estejam sendo registrados. Isso inclui a data, o horário, o nome do usuário e as ações realizadas no sistema. Esses logs são essenciais para a investigação de incidentes de segurança e para garantir a conformidade com regulamentações.

Análise de Comportamento: Ferramentas de segurança modernas utilizam algoritmos de aprendizado de máquina para analisar o comportamento típico dos usuários. Se um comportamento incomum for detectado, como o acesso de um funcionário a informações que ele normalmente não utiliza ou o login em horários incomuns, um alerta pode ser gerado para que a equipe de segurança investigue.

Respostas Automatizadas a Incidentes: Ferramentas avançadas de segurança podem automatizar a resposta a atividades suspeitas. Por exemplo, se for detectado um login de um local geograficamente suspeito, a ferramenta pode automaticamente bloquear a conta até que a identidade do usuário seja verificada. Isso evita que invasores tenham tempo de explorar o sistema antes de serem detectados.

Ferramentas Acessíveis para Controle de Acesso

Para garantir uma segurança robusta, empresas de todos os tamanhos podem adotar uma variedade de ferramentas de controle de acesso e autenticação forte, muitas das quais são acessíveis e fáceis de implementar. Aqui estão algumas ferramentas recomendadas:

Microsoft Azure Active Directory: Uma solução de gerenciamento de identidade baseada em nuvem que oferece autenticação multifator, gerenciamento de acesso e integração com uma ampla gama de aplicativos. Ideal para empresas que já utilizam o ecossistema da Microsoft.

Google Workspace Admin Console: Para empresas que utilizam o Google Workspace, o console administrativo permite gerenciar o acesso a todas as ferramentas do Google, bem como configurar autenticação multifator e monitorar atividades.

Okta: Uma plataforma de gerenciamento de identidade que oferece soluções robustas de controle de acesso e autenticação multifator, com foco em segurança de identidade em ambientes corporativos.

Authy: Para pequenas empresas que desejam implementar autenticação multifator, o Authy é uma solução simples e eficaz que oferece autenticação por tokens, fácil de integrar com aplicativos populares.

Duo Security: Esta plataforma oferece MFA e controle de acesso com uma interface amigável, além de opções de autenticação por push, código SMS e até biometria.

Essas ferramentas, combinadas com políticas adequadas e treinamento dos colaboradores, podem ajudar a garantir que os sistemas corporativos permaneçam protegidos contra acessos não autorizados e violações de dados.

O controle de acesso e a autenticação são componentes críticos de qualquer estratégia de segurança da informação. Empresas que não implementam práticas adequadas de controle de acesso e autenticação forte correm o risco de expor seus sistemas e dados a ameaças internas e externas. Ao adotar soluções como a autenticação multifator, monitoramento contínuo e ferramentas adequadas de gestão de identidade, as organizações podem reduzir significativamente os riscos e melhorar sua postura de segurança. Neste ambiente digital cada vez mais complexo, essas práticas são essenciais para proteger os ativos mais valiosos da empresa e garantir a continuidade de seus negócios.

CAPÍTULO 05

Backup e Recuperação de Dados

MANOEL ARAUJO ALVES

A perda de dados pode ter consequências devastadoras para qualquer empresa, independentemente de seu porte ou setor de atuação. Um ataque cibernético, uma falha de hardware ou até um erro humano podem comprometer informações críticas, resultando em perda financeira, interrupção das operações e, em alguns casos, na falência do negócio. Apesar disso, muitas organizações ainda não adotam práticas adequadas de backup e recuperação de dados, deixando seus sistemas vulneráveis a esses riscos. Este capítulo aborda a importância de uma política robusta de backup e recuperação, além de orientar sobre os melhores métodos e práticas para garantir que os dados da empresa estejam sempre protegidos.

A Importância de uma Política de Backup Regular

Um backup é a cópia dos dados armazenados em um local alternativo, que pode ser usado para restaurar informações em caso de falha ou perda. O backup deve ser considerado uma medida essencial de segurança em qualquer estratégia de proteção de dados. Ter uma política de backup clara e implementá-la de maneira regular garante que, em caso de desastre, a empresa possa recuperar seus dados e retomar suas operações rapidamente, minimizando as perdas e o tempo de inatividade.

A falta de uma política de backup regular pode expor a organização a riscos como:

Perda permanente de dados importantes: Sem backups regulares, a perda de dados pode ser irreversível, resultando em prejuízos operacionais e financeiros severos.

Longos períodos de inatividade: Sem dados para restaurar rapidamente, a empresa pode enfrentar longos períodos de inatividade, comprometendo a entrega de produtos ou serviços.

Impacto negativo na reputação: A incapacidade de recuperar dados críticos, como informações de clientes, pode prejudicar a confiança de parceiros e consumidores, resultando em danos à imagem da empresa.

Portanto, a implementação de uma política de backup regular é fundamental para a segurança de dados e para garantir a continuidade dos negócios.

Escolha de Métodos de Backup: Local, na Nuvem, ou Híbrido?

Há diversos métodos de backup disponíveis, e a escolha da solução mais adequada depende das necessidades e da infraestrutura da empresa. Os métodos de backup podem ser divididos em três categorias principais: local, na nuvem, e híbrido.

Backup Local: No backup local, os dados são armazenados em dispositivos físicos, como discos rígidos externos, servidores locais ou dispositivos de armazenamento em rede (NAS). Esse método oferece controle total sobre os dados, já que a empresa gerencia o armazenamento físico. No entanto, o backup local apresenta vulnerabilidades, como falhas de hardware, desastres naturais (incêndios, enchentes) e roubo de equipamentos.

Vantagens:

- Controle total sobre os dados.
- Restauração rápida em caso de falhas.

Desvantagens:

- Risco de perda física dos dados.
- Requer manutenção constante de equipamentos.

Backup na Nuvem: No backup em nuvem, os dados são armazenados em servidores externos, gerenciados por provedores de serviços em nuvem, como Google Cloud, Microsoft Azure, ou Amazon Web Services (AWS). Este método oferece alta escalabilidade, e os dados são protegidos contra falhas físicas. No entanto, a dependência de uma conexão à internet pode tornar a restauração mais demorada, especialmente em grandes volumes de dados.

Vantagens:

- Proteção contra desastres físicos.
- Escalabilidade e fácil manutenção.

Desvantagens:

- Dependência de conexão à internet.
- Custos adicionais com armazenamento em nuvem.

Backup Híbrido: Uma abordagem híbrida combina os benefícios do backup local e em nuvem. Os dados mais críticos são armazenados localmente para permitir uma recuperação rápida, enquanto uma cópia adicional é enviada para a nuvem para proteção contra desastres e perdas físicas. Essa abordagem é ideal para empresas que precisam de um equilíbrio entre controle, segurança e recuperação rápida.

Vantagens:

- Combinação de recuperação rápida e proteção robusta.
- Proteção contra perda de dados local e desastres.

Desvantagens:

- Custos maiores, pois envolve infraestrutura local e serviços em nuvem.
- Maior complexidade de gerenciamento.

Cada empresa deve avaliar seu orçamento, a sensibilidade dos dados e os riscos envolvidos para escolher o método de backup mais adequado às suas necessidades.

A Importância de Testar Backups e Planos de Recuperação

Ter backups regulares e um plano de recuperação de desastres são ótimos primeiros passos, mas esses esforços são inúteis se não forem testados regularmente. Muitas empresas falham em testar seus backups e planos de recuperação, assumindo que, em caso de necessidade, os dados poderão ser restaurados sem problemas. Esse é um erro perigoso, pois pode levar a surpresas desagradáveis durante uma crise real.

Aqui estão algumas boas práticas para garantir que os backups e planos de recuperação estejam funcionando corretamente:

Testes Regulares de Recuperação: Realizar testes periódicos para restaurar dados a partir de backups. Esses testes simulam situações de perda de dados e garantem que os backups possam ser acessados e restaurados de forma eficaz.

Verificar a Integridade dos Backups: Durante o processo de backup, erros podem ocorrer e, às vezes, os dados podem ficar corrompidos. Verificar regularmente a integridade dos backups ajuda a evitar problemas durante a restauração.

Atualizar os Planos de Recuperação: O ambiente de TI de uma empresa está sempre mudando. Novos sistemas são implementados, dados são adicionados e as prioridades de recuperação podem mudar. Portanto, é fundamental revisar e atualizar os planos de recuperação com frequência para garantir que eles continuem adequados.

Simular Cenários de Desastres: Testar o plano de recuperação em um cenário de simulação de desastre total, como uma falha completa de um servidor ou a perda de um data center, permite que a equipe de TI esteja pronta para responder a emergências reais.

Guia Passo a Passo para Criar uma Política de Backup Eficaz

Criar uma política de backup eficaz envolve várias etapas que devem ser seguidas para garantir que os dados estejam protegidos e possam ser restaurados de forma rápida e eficiente em caso de necessidade. Aqui está um guia passo a passo para ajudar as empresas a desenvolver uma política robusta de backup:

Identificar os Dados Críticos: Nem todos os dados precisam ser copiados com a mesma frequência. Identifique quais informações são críticas para as operações da empresa e defina diferentes frequências de backup para dados essenciais e menos importantes.

Definir a Frequência de Backup: A política deve incluir a frequência com que os backups serão feitos. Para dados críticos, recomenda-se a realização de backups diários. Para informações menos sensíveis, backups semanais ou mensais podem ser suficientes.

Escolher o Método de Backup: Como discutido anteriormente, a empresa deve decidir se utilizará backups locais, na nuvem ou uma abordagem híbrida. Esta decisão dependerá de fatores como o orçamento disponível e a quantidade de dados que precisam ser armazenados.

Estabelecer Procedimentos de Armazenamento Seguro: Independentemente do método escolhido, os backups devem ser armazenados de forma segura. No caso de backups locais, certifique-se de que os dispositivos de armazenamento estão em local seguro, longe de potenciais desastres. No caso de backups na nuvem, escolha um provedor confiável com medidas robustas de segurança.

Desenvolver um Plano de Recuperação: A política de backup deve incluir um plano detalhado de como os dados serão recuperados em caso de incidente. O plano deve especificar quem é responsável pela recuperação, quais dados serão priorizados e o tempo esperado para restaurar as operações.

Treinar a Equipe: É fundamental que a equipe de TI seja treinada para gerenciar os backups e implementar o plano de recuperação. Isso garante que, no momento de uma crise, todos saibam exatamente o que fazer para restaurar os dados da empresa.

Uma política de backup eficaz não é apenas uma boa prática — é um seguro contra o desastre. Quando implementada corretamente, ela garante que a empresa esteja preparada para recuperar seus dados e minimizar as interrupções de operações em caso de falhas. Ao adotar métodos de backup adequados, testar regularmente seus planos de recuperação e seguir diretrizes claras, as empresas podem proteger seus ativos mais valiosos e assegurar sua continuidade, mesmo em situações de crise.

CAPÍTULO 06

Proteção Contra Ameaças Internas e Externas

MANOEL ARAUJO ALVES

No ambiente corporativo atual, as empresas enfrentam uma variedade de ameaças à segurança de seus dados e sistemas. Essas ameaças podem vir tanto de fontes externas — hackers, malware, ataques de phishing — quanto de fontes internas, como o uso indevido de dados por funcionários ou falhas em políticas de acesso. Proteger-se contra essas ameaças é essencial para garantir a integridade, confidencialidade e disponibilidade das informações da empresa. Este capítulo aborda a definição de ameaças internas e externas, as práticas recomendadas para identificar e mitigar esses riscos, e como adotar uma abordagem de segurança em camadas para fortalecer a proteção.

Ameaças Internas e Externas: Definições e Exemplos

As ameaças internas são aquelas que surgem de dentro da organização, geralmente causadas por pessoas que já têm acesso ao ambiente corporativo, como funcionários, contratados ou parceiros. Essas ameaças podem ser tanto intencionais quanto acidentais. Um exemplo de ameaça interna intencional é um funcionário insatisfeito que deliberadamente vaza informações confidenciais. Já as ameaças acidentais incluem erros humanos, como o envio de dados sensíveis para destinatários errados ou a falha em seguir as políticas de segurança estabelecidas.

As ameaças externas, por outro lado, são aquelas que vêm de fora da organização, como hackers, vírus, ataques de malware ou phishing. Essas ameaças visam invadir, roubar ou destruir os dados da empresa. Ataques externos podem ser altamente sofisticados, como o ransomware, que bloqueia o acesso aos dados até que um resgate seja pago, ou simples, como um vírus que corrompe arquivos importantes.

Tanto as ameaças internas quanto as externas são perigosas e podem causar danos significativos. Por isso, as empresas precisam adotar medidas preventivas robustas para lidar com ambas.

Identificando e Mitigando Ameaças Internas

As ameaças internas podem ser particularmente difíceis de identificar, pois envolvem indivíduos que já possuem algum nível de confiança e acesso aos sistemas da empresa. No entanto, existem práticas eficazes que podem ajudar a identificar e mitigar essas ameaças antes que causem danos:

Monitoramento de Atividades: Ferramentas de monitoramento podem rastrear o comportamento dos funcionários em relação ao acesso e uso de dados sensíveis. Se um funcionário acessar uma grande quantidade de informações confidenciais sem justificativa clara, ou realizar atividades incomuns, como transferir grandes volumes de dados para um dispositivo externo, isso pode ser um sinal de uma possível ameaça interna.

Política de Menor Privilégio: A aplicação do princípio de menor privilégio é uma prática importante para mitigar ameaças internas. Isso significa que cada funcionário deve ter acesso apenas aos sistemas e dados necessários para realizar suas funções. Restringir o acesso a informações sensíveis a um número reduzido de funcionários minimiza as oportunidades de uso indevido de dados.

Educação e Conscientização: Muitos incidentes de segurança internos ocorrem devido a erros humanos, como clicar em links de phishing ou compartilhar dados inadvertidamente. A realização de treinamentos regulares sobre práticas de segurança e conscientização ajuda a reduzir a chance de que erros comuns se transformem em incidentes de segurança.

Revisão de Acessos: Realizar auditorias periódicas de quem tem acesso a quais sistemas e dados garante que funcionários ou contratados não mantenham permissões de acesso a informações que não precisam mais. Essa prática também ajuda a identificar acessos que foram concedidos temporariamente e nunca revogados.

Ao identificar e monitorar comportamentos suspeitos e aplicar políticas de acesso restrito, as empresas podem mitigar grande parte das ameaças internas, minimizando os riscos de perda ou uso indevido de dados.

Firewalls, Antivírus e Atualizações de Software: Protegendo Contra Ameaças Externas

Para se proteger contra ameaças externas, as empresas precisam adotar medidas proativas que envolvem a utilização de ferramentas e práticas comprovadas de segurança cibernética. Três componentes essenciais dessa defesa são os firewalls, os antivírus e a manutenção de atualizações de software.

Firewalls: Um firewall é a primeira linha de defesa contra ataques externos. Ele age como uma barreira entre a rede interna da empresa e o mundo externo, filtrando o tráfego que entra e sai dos sistemas. Firewalls podem ser configurados para bloquear acessos não autorizados, restringir a entrada de tráfego de fontes suspeitas e evitar que dados sensíveis sejam transmitidos para fora da empresa sem permissão.

Antivírus: Softwares antivírus são fundamentais para proteger os sistemas contra uma ampla gama de ameaças externas, como vírus, malware e spyware. Eles funcionam detectando, isolando e removendo software malicioso antes que ele possa causar danos. Para garantir a proteção contínua, os programas antivírus devem ser mantidos atualizados, já que novas ameaças surgem constantemente.

Atualizações de Software: Muitos ataques cibernéticos exploram vulnerabilidades em sistemas e softwares desatualizados. Manter os sistemas e aplicativos da empresa atualizados é crucial para corrigir essas vulnerabilidades. Empresas que não realizam atualizações de segurança frequentemente ficam expostas a ataques que poderiam ser facilmente evitados.

Ao combinar essas ferramentas, as empresas podem estabelecer uma defesa básica eficaz contra uma ampla gama de ameaças externas. No entanto, é importante que essas ferramentas sejam monitoradas e ajustadas regularmente para acompanhar as mudanças no ambiente de ameaças.

Abordagem de Segurança por Camadas

Para garantir a máxima proteção contra ameaças internas e externas, a segurança por camadas é uma abordagem altamente recomendada. Isso significa implementar várias camadas de segurança, cada uma atuando como uma barreira adicional que dificulta o acesso não autorizado e a exploração de vulnerabilidades. Essa abordagem reduz significativamente o risco de um único ponto de falha comprometer toda a rede.

Aqui estão os principais componentes de uma abordagem de segurança por camadas:

Camada Perimetral (Firewall): O firewall é a primeira linha de defesa e monitora o tráfego que entra e sai da rede da empresa. Ele deve ser configurado para bloquear tráfego indesejado e proteger a rede contra ataques externos.

Camada de Rede (Segmentação de Redes): A segmentação de redes envolve dividir a rede corporativa em partes menores e isoladas. Isso limita a movimentação lateral dos invasores, dificultando o acesso a toda a rede, caso uma parte dela seja comprometida.

Camada de Dispositivos (Antivírus e Proteção Endpoint): Além dos antivírus, as soluções de proteção de endpoint garantem que todos os dispositivos que acessam a rede da empresa estejam protegidos contra malware e outros tipos de ameaças.

Camada de Acesso (Autenticação Forte): Implementar autenticação multifator (MFA) e práticas de gerenciamento de identidade garante que apenas pessoas autorizadas possam acessar informações e sistemas sensíveis.

Camada de Dados (Criptografia): A criptografia de dados protege as informações críticas mesmo que elas sejam interceptadas. Isso é particularmente importante para dados em trânsito e em repouso, garantindo que sejam inutilizáveis para invasores que porventura consigam acessá-los.

Ao implementar essas várias camadas de segurança, as empresas podem construir uma defesa robusta e eficaz contra uma ampla gama de ameaças.

As ameaças internas e externas são uma realidade que toda empresa enfrenta. Proteger os dados e sistemas corporativos requer uma combinação de ferramentas tecnológicas, políticas de segurança rigorosas e conscientização dos colaboradores. A implementação de firewalls, antivírus e atualizações regulares de software, juntamente com uma abordagem de segurança por camadas, pode mitigar a maioria dessas ameaças. No entanto, é importante que as empresas continuem a revisar e ajustar suas estratégias de segurança para se manterem à frente das novas ameaças que surgem a cada dia.

CAPÍTULO 07

Automação e Monitoramento de Segurança

O mundo corporativo moderno exige uma vigilância constante sobre os sistemas de TI e a segurança da informação. Com a crescente complexidade dos ambientes de tecnologia e a sofisticação das ameaças cibernéticas, monitorar manualmente todas as atividades de rede e sistemas é praticamente impossível. No entanto, muitas empresas ainda não adotaram soluções eficazes para monitoramento contínuo e automação de segurança, deixando seus sistemas vulneráveis a ameaças que poderiam ser detectadas precocemente. Este capítulo aborda a importância da automação e do monitoramento contínuo na segurança de TI, além de sugerir ferramentas acessíveis para empresas que buscam proteger seus dados de forma mais eficiente.

Automação nos Processos de Segurança: O Futuro da Proteção

A automação em segurança de TI refere-se à utilização de ferramentas e tecnologias que executam tarefas repetitivas e de monitoramento de forma automática, sem a necessidade de intervenção humana. Isso inclui desde a aplicação de atualizações de software até a detecção e resposta a ameaças cibernéticas em tempo real. Com a automação, as empresas podem melhorar significativamente sua capacidade de resposta a incidentes e reduzir a carga de trabalho das equipes de TI, permitindo que elas se concentrem em questões mais estratégicas.

Os benefícios da automação nos processos de segurança incluem:

Resposta Rápida a Incidentes: Ferramentas automatizadas podem detectar comportamentos anômalos ou tentativas de invasão em tempo real e responder de forma imediata, bloqueando o acesso ou isolando o sistema comprometido. Isso ajuda a minimizar os danos antes que o ataque se espalhe.

Eliminação de Erros Humanos: Tarefas manuais repetitivas, como aplicar patches de segurança ou configurar firewalls, podem ser propensas a erros quando realizadas manualmente. A automação elimina esses erros, garantindo que as ações sejam executadas de forma consistente e precisa.

Economia de Tempo e Recursos: Ao automatizar tarefas rotineiras, as empresas podem liberar suas equipes de TI para se concentrarem em projetos mais críticos, além de reduzir os custos com mão de obra para monitoramento e manutenção de sistemas.

A automação também desempenha um papel importante na conformidade com regulamentos de segurança e proteção de dados, como a LGPD (Lei Geral de Proteção de Dados), garantindo que as políticas de segurança estejam sempre atualizadas e aplicadas corretamente em toda a organização.

Monitoramento Contínuo: A Necessidade de Uma Vigilância Constante

O monitoramento contínuo de sistemas e redes é uma prática essencial para identificar e responder a ameaças em tempo real. Diferente de verificações periódicas, o monitoramento contínuo garante que os sistemas estejam sendo observados 24 horas por dia, 7 dias por semana, permitindo a detecção de atividades suspeitas, como tentativas de invasão, vazamentos de dados e malwares.

A importância do monitoramento contínuo está diretamente relacionada ao tempo de resposta em caso de um incidente. Quanto mais rápido um incidente é detectado, maior a chance de contê-lo antes que cause danos significativos à organização. Além disso, o monitoramento contínuo permite identificar padrões de comportamento que podem ser indicativos de uma ameaça em desenvolvimento, permitindo ações preventivas.

Aqui estão alguns aspectos fundamentais que o monitoramento contínuo deve cobrir:

Tráfego de Rede: O monitoramento de tráfego de rede pode identificar atividades suspeitas, como tentativas de acesso a portas não autorizadas, movimentos laterais na rede ou volumes anormais de dados saindo da organização.

Atividade de Usuários: Ferramentas de monitoramento podem rastrear o comportamento dos usuários, identificando acessos incomuns, tentativas repetidas de login ou acesso a dados sensíveis fora do horário de expediente.

Análise de Logs: A análise de logs de sistemas e aplicativos pode fornecer insights valiosos sobre atividades incomuns que podem indicar um problema iminente. Isso inclui falhas de login, tentativas de escalonamento de privilégios e alterações não autorizadas nos sistemas.

Integridade de Arquivos: Monitorar alterações em arquivos críticos do sistema pode ajudar a identificar invasões ou ataques de ransomware, onde arquivos são modificados ou criptografados sem autorização.

Ferramentas Acessíveis de Automação e Monitoramento

Existem várias ferramentas acessíveis no mercado que podem ajudar as empresas a automatizar seus processos de segurança e monitorar seus sistemas de forma eficaz. A escolha da ferramenta certa depende do porte da empresa, do orçamento disponível e do nível de complexidade do ambiente de TI. Abaixo estão algumas das ferramentas mais recomendadas:

SolarWinds Security Event Manager: Esta ferramenta fornece automação de respostas a eventos de segurança e monitoramento contínuo de logs e atividades de rede. É ideal para empresas que desejam uma solução completa de gerenciamento de eventos de segurança (SIEM) a um custo acessível.

Splunk: Amplamente utilizada em grandes empresas, a Splunk oferece um poderoso sistema de coleta e análise de logs, capaz de identificar padrões de comportamento suspeito. Sua interface amigável facilita o monitoramento de grandes volumes de dados em tempo real.

Nagios: Uma ferramenta de monitoramento de rede de código aberto que fornece visibilidade completa sobre os sistemas e serviços críticos de TI. Ele é altamente personalizável e acessível, sendo ideal para empresas de médio porte que precisam de uma solução eficiente e econômica.

ManageEngine OpManager: Ferramenta de monitoramento de rede que oferece funcionalidades de automação e monitoramento de redes e servidores em tempo real. Suas características incluem detecção de falhas, análise de desempenho e relatórios detalhados.

Darktrace: Esta plataforma utiliza inteligência artificial para analisar o comportamento normal da rede e identificar atividades anômalas. Ela se destaca por suas capacidades de resposta automática a ameaças, isolando automaticamente sistemas comprometidos para evitar a propagação de ataques.

Prevenção e Detecção de Incidentes com Automação

Uma das maiores vantagens da automação é sua capacidade de atuar tanto na prevenção quanto na detecção de incidentes. Ao automatizar tarefas como a aplicação de atualizações de segurança, a análise de logs e a configuração de firewalls, as empresas podem evitar muitos incidentes que ocorreriam devido à negligência ou atraso na aplicação de medidas de proteção. Além disso, ferramentas automatizadas podem detectar ameaças de forma mais rápida e precisa do que os métodos manuais, garantindo uma resposta eficiente e em tempo real.

Aqui está como essas ferramentas podem ser utilizadas para prevenção e detecção:

Automatização de Patches e Atualizações: As ferramentas automatizadas de gerenciamento de patches garantem que todos os softwares e sistemas estejam atualizados com as últimas correções de segurança. Isso impede que vulnerabilidades conhecidas sejam exploradas por hackers.

Detecção Automatizada de Anomalias: Ferramentas como Darktrace e Splunk podem detectar comportamentos anômalos em tempo real, como tráfego de rede incomum ou acesso a dados fora do padrão. Essas anomalias podem ser indicativas de tentativas de invasão ou atividades maliciosas, permitindo que as equipes de TI intervenham antes que os danos ocorram.

Automação de Respostas a Incidentes: Algumas ferramentas oferecem a capacidade de responder automaticamente a incidentes de segurança, como bloquear endereços IP suspeitos, desconectar dispositivos comprometidos da rede ou alertar as equipes de TI sobre problemas críticos. Isso reduz o tempo de resposta e impede que uma ameaça se espalhe.

Análise Automática de Logs: Analisar logs manualmente pode ser uma tarefa exaustiva e propensa a erros. Ferramentas como o SolarWinds e o Splunk automatizam essa análise, identificando padrões que podem indicar tentativas de invasão ou comportamento malicioso, como tentativas repetidas de login ou alterações não autorizadas em sistemas.

A automação e o monitoramento contínuo são componentes críticos de uma estratégia de segurança eficaz. No ambiente dinâmico e de alta ameaça das empresas modernas, a capacidade de detectar e responder rapidamente a incidentes pode fazer a diferença entre um ataque bem-sucedido e uma defesa eficaz. Ao adotar ferramentas de automação e monitoramento acessíveis e configurá-las para atuar preventivamente e responsivamente, as empresas podem fortalecer suas defesas e proteger seus dados e sistemas contra as ameaças crescentes do mundo digital.

CAPÍTULO 08

Proteção de Dados Pessoais e Compliance

Com a crescente digitalização dos negócios e o aumento das transações online, a proteção de dados pessoais tornou-se um dos maiores desafios enfrentados pelas empresas em todo o mundo. Além das ameaças cibernéticas, as empresas precisam lidar com regulamentações rigorosas, como a Lei Geral de Proteção de Dados (LGPD) no Brasil e o Regulamento Geral sobre a Proteção de Dados (GDPR) na União Europeia. Esses regulamentos estabelecem diretrizes específicas para a coleta, armazenamento e processamento de dados pessoais, e o não cumprimento pode resultar em multas pesadas e danos à reputação da empresa. Este capítulo explica as principais leis de proteção de dados, orienta sobre como implementar práticas de conformidade e oferece um checklist de conformidade para ajudar pequenas e médias empresas a se adequarem às exigências legais.

Principais Leis de Proteção de Dados: LGPD e GDPR

Duas das mais importantes leis de proteção de dados no mundo atualmente são a LGPD e a GDPR. Ambas têm como objetivo proteger os dados pessoais de indivíduos e garantir que as empresas tratem esses dados de forma segura e transparente.

LGPD (Lei Geral de Proteção de Dados - Brasil)

A LGPD, sancionada em 2018 no Brasil, regulamenta o tratamento de dados pessoais em território brasileiro. Ela é aplicável a qualquer empresa que processa dados de cidadãos brasileiros, independentemente de onde a empresa está localizada. As principais obrigações da LGPD incluem:

Consentimento: As empresas devem obter o consentimento explícito do indivíduo antes de coletar seus dados pessoais, exceto em casos específicos previstos na lei.

Finalidade: Os dados coletados devem ser utilizados apenas para os fins informados ao titular no momento da coleta.

Transparência: As empresas devem ser claras sobre quais dados estão coletando e como eles serão utilizados.

Segurança: As empresas são responsáveis por proteger os dados pessoais contra acessos não autorizados, vazamentos ou quaisquer outras ameaças.

Direitos dos Titulares: Os titulares dos dados têm o direito de acessar, corrigir, excluir ou transferir seus dados para outras plataformas, conforme solicitação.

GDPR (General Data Protection Regulation - União Europeia)

A GDPR, que entrou em vigor em 2018, é a regulamentação de proteção de dados da União Europeia. Ela afeta não apenas as empresas localizadas na UE, mas qualquer organização que lide com dados de residentes europeus. Os principais aspectos da GDPR incluem:

Consentimento: Assim como a LGPD, a GDPR exige consentimento claro e explícito antes da coleta de dados pessoais.

Direito ao Esquecimento: Os indivíduos têm o direito de solicitar que seus dados sejam excluídos permanentemente.

Portabilidade de Dados: Os indivíduos têm o direito de transferir seus dados de uma empresa para outra.

Notificação de Violação de Dados: As empresas devem notificar as autoridades e os titulares dos dados dentro de 72 horas após uma violação de segurança.

Autoridade de Proteção de Dados (DPA): As autoridades locais monitoram a conformidade das empresas com a GDPR e podem aplicar multas em caso de descumprimento.

Embora as regulamentações sejam semelhantes em muitos aspectos, é importante que as empresas que operam em diferentes jurisdições compreendam as nuances e variações entre a LGPD e a GDPR para garantir a conformidade.

Implementando Práticas de Conformidade com a Legislação

A conformidade com regulamentações de proteção de dados pode parecer uma tarefa complexa, mas com uma abordagem estruturada, as empresas podem garantir que seus processos estejam de acordo com as exigências legais. Aqui estão algumas etapas práticas para ajudar sua organização a se adequar às regulamentações de proteção de dados:

Mapeamento de Dados: O primeiro passo é entender quais dados a sua empresa coleta, onde são armazenados e como são processados. Isso inclui dados de clientes, funcionários, fornecedores e qualquer outra parte envolvida. O mapeamento de dados é essencial para garantir que você tenha uma visão clara de todos os fluxos de dados na sua organização.

Avaliação de Riscos: Após mapear os dados, realize uma avaliação de riscos para identificar possíveis vulnerabilidades nos processos de coleta, armazenamento e uso de dados. A avaliação ajudará a priorizar áreas que exigem maior atenção e investimento.

Políticas de Privacidade: As empresas precisam criar e divulgar políticas de privacidade claras e transparentes, explicando como os dados pessoais são coletados, armazenados e utilizados. Isso garante que os titulares dos dados estejam cientes de como suas informações serão tratadas.

Treinamento de Funcionários: A conformidade com a legislação não pode ser alcançada sem o envolvimento de toda a equipe. Treinamentos regulares sobre as melhores práticas de proteção de dados e sobre as obrigações legais são essenciais para garantir que todos os funcionários estejam cientes de suas responsabilidades.

Nomeação de um DPO (Data Protection Officer): Tanto a LGPD quanto a GDPR exigem que algumas empresas nomeiem um Encarregado de Proteção de Dados (DPO). Esse profissional é responsável por garantir que a organização esteja cumprindo com as regulamentações e por servir como ponto de contato para autoridades regulatórias e titulares de dados.

Planos de Resposta a Incidentes: Prepare um plano de resposta a incidentes para garantir que sua empresa esteja pronta para lidar com uma violação de dados. Isso inclui identificar os passos que devem ser tomados em caso de uma violação, desde a contenção até a notificação dos titulares de dados e das autoridades competentes.

Processos para Proteger Dados Pessoais de Clientes e Funcionários

Proteger dados pessoais não envolve apenas conformidade legal, mas também é uma questão de confiança e segurança. Aqui estão alguns processos e práticas recomendadas para proteger as informações pessoais de clientes e funcionários:

Criptografia de Dados: A criptografia protege os dados em trânsito e em repouso, garantindo que, mesmo que sejam interceptados, não possam ser acessados ou utilizados por terceiros.

Controle de Acesso Rigoroso: Limitar o acesso aos dados pessoais apenas para aqueles que realmente precisam dele. Isso envolve aplicar o princípio do menor privilégio, garantindo que os funcionários só tenham acesso às informações necessárias para o desempenho de suas funções.

Armazenamento Seguro: Informações sensíveis devem ser armazenadas de forma segura, utilizando servidores protegidos, e, preferencialmente, com backups regulares em locais diferentes para evitar perda de dados em caso de desastre.

Anonimização e Pseudonimização: Sempre que possível, as empresas devem considerar a anonimização ou pseudonimização dos dados pessoais. Esses processos tornam os dados irreconhecíveis sem informações adicionais, dificultando a identificação dos indivíduos em caso de vazamento.

Auditorias Regulares de Segurança: Realizar auditorias periódicas para garantir que os controles de segurança estejam funcionando como planejado e que nenhuma vulnerabilidade tenha surgido com o tempo.

Checklist de Conformidade para Pequenos e Médios Empresários

Para garantir a conformidade com as principais regulamentações de proteção de dados, as pequenas e médias empresas podem seguir este checklist simples:

Mapeamento de Dados: Identificar todos os dados pessoais coletados e armazenados, incluindo a finalidade e o local de armazenamento.

Consentimento: Garantir que o consentimento explícito seja obtido dos titulares dos dados antes de coletar informações pessoais, exceto quando permitido por outra base legal.

Política de Privacidade: Criar e divulgar uma política de privacidade clara e acessível ao público.

Segurança de Dados: Implementar medidas de segurança, como criptografia, controle de acesso e armazenamento seguro para proteger dados pessoais.

Direitos dos Titulares: Estar preparado para responder às solicitações dos titulares de dados, como o direito de acesso, correção ou exclusão de informações.

Treinamento: Treinar todos os funcionários para garantir que estejam cientes das suas responsabilidades em relação à proteção de dados.

Relatar Violações: Criar um plano de resposta a incidentes e garantir que as violações de dados sejam relatadas dentro do prazo legal (72 horas, no caso da GDPR).

Auditoria Regular: Realizar auditorias periódicas para garantir que os processos de conformidade estejam funcionando corretamente.

A proteção de dados pessoais é uma responsabilidade crucial para todas as empresas, especialmente diante das rigorosas regulamentações como a LGPD e a GDPR. Ao adotar as práticas recomendadas e seguir uma abordagem estruturada de conformidade, as empresas podem não apenas evitar multas e penalidades, mas também proteger a privacidade de seus clientes e funcionários, fortalecendo sua reputação e confiança no mercado.

CAPÍTULO 09

Educação e Cultura de Segurança

A segurança da informação não depende apenas de tecnologias e políticas, mas também das pessoas que as utilizam e implementam no dia a dia. Muitas vezes, as brechas de segurança ocorrem não por falhas no sistema, mas por erro humano ou pela falta de conscientização e treinamento adequado. É por isso que educar e conscientizar os funcionários sobre as melhores práticas de segurança da informação é tão essencial quanto as medidas tecnológicas. Este capítulo aborda a importância da educação em segurança, estratégias para criar uma cultura de segurança dentro das empresas e como programas de treinamento e conscientização podem fazer a diferença.

A Importância da Educação em Segurança para Todos os Níveis da Empresa

A segurança da informação deve ser responsabilidade de todos dentro da organização, não apenas da equipe de TI. Quando todos os funcionários, independentemente de seu nível hierárquico ou área de atuação, entendem a importância de práticas seguras e adotam comportamentos de proteção de dados, a empresa se torna muito mais resistente a ataques e incidentes de segurança.

Entre os erros mais comuns cometidos pelos funcionários estão o uso de senhas fracas, o clique em links de phishing e a falta de cuidado com o compartilhamento de informações confidenciais. Muitos desses problemas podem ser evitados com um treinamento adequado e uma cultura de segurança bem estabelecida. No entanto, é essencial que essa cultura seja promovida pela liderança da empresa e permeie todos os departamentos.

A educação em segurança é particularmente importante porque:

Reduz Erros Humanos: A maior parte dos incidentes de segurança ocorre devido a falhas humanas, seja por negligência ou falta de conhecimento. Programas de conscientização ajudam a reduzir esses erros.

Melhora a Resposta a Incidentes: Funcionários bem treinados sabem como reagir a tentativas de phishing, malwares ou outros tipos de ataques, mitigando os danos e notificando as equipes responsáveis mais rapidamente.

Cria Consciência Contínua: A segurança é um processo contínuo. Ao educar todos os níveis da empresa, é possível garantir que a segurança da informação seja uma prioridade constante.

Estratégias para Criar uma Cultura de Segurança Corporativa

Criar uma cultura de segurança corporativa não acontece da noite para o dia. Requer um compromisso de longo prazo e a participação ativa de toda a empresa. Aqui estão algumas estratégias eficazes para promover uma cultura de segurança robusta:

Envolvimento da Liderança: A segurança da informação deve ser uma prioridade para a alta administração e os líderes da empresa. Quando a liderança demonstra claramente seu compromisso com a segurança, isso motiva os funcionários a seguir o exemplo. Líderes podem demonstrar seu apoio participando de treinamentos e incentivando discussões abertas sobre o tema.

Incorporar a Segurança ao Cotidiano: A segurança da informação deve ser parte da rotina diária da empresa. Isso significa que todos os funcionários devem entender que a segurança não é apenas uma responsabilidade do departamento de TI, mas de todos. Processos como o uso de senhas fortes, o bloqueio de dispositivos e a verificação de links suspeitos devem ser praticados por todos.

Comunicação Clara e Contínua: Manter os funcionários atualizados sobre as políticas de segurança e as novas ameaças é crucial. Isso pode ser feito por meio de newsletters, e-mails regulares e briefings de segurança. Manter uma comunicação clara e acessível ajuda a garantir que todos compreendam as suas responsabilidades.

Reforço Positivo: Incentivar comportamentos de segurança por meio de recompensas e reconhecimento pode ser uma maneira eficaz de criar uma cultura de segurança. Quando os funcionários seguem as melhores práticas de segurança, eles devem ser elogiados e encorajados, mostrando que a empresa valoriza esses comportamentos.

Feedback e Participação Ativa: Permitir que os funcionários ofereçam feedback sobre as práticas de segurança e incentivá-los a relatar preocupações pode fortalecer ainda mais a cultura de segurança. Isso garante que a equipe sinta que tem um papel ativo na proteção da empresa.

Programas de Treinamento e Campanhas de Conscientização

Os programas de treinamento são essenciais para educar os funcionários sobre como identificar e evitar riscos de segurança. Esses treinamentos devem ser regulares e adaptados aos diferentes níveis de conhecimento e funções dentro da empresa. Algumas dicas para implementar programas de treinamento eficazes incluem:

Treinamento Inicial para Novos Funcionários: Todo novo funcionário deve passar por um treinamento básico de segurança no primeiro mês de trabalho. Isso deve incluir tópicos como a criação de senhas seguras, o uso de redes seguras, a proteção de dispositivos e o reconhecimento de e-mails de phishing.

Treinamentos Contínuos: Além do treinamento inicial, é importante realizar sessões de reciclagem a cada seis meses ou anualmente. Isso ajuda a reforçar as boas práticas e a atualizar os funcionários sobre novas ameaças e tecnologias.

Simulações de Ataques: Uma forma eficaz de ensinar os funcionários a lidar com ameaças é por meio de simulações, como testes de phishing. Essas simulações colocam os funcionários em situações realistas, onde eles precisam identificar e evitar armadilhas de segurança.

Campanhas de Conscientização: Realizar campanhas regulares que promovam a segurança da informação pode manter o tema em alta na mente dos funcionários. Essas campanhas podem incluir e-mails informativos, cartazes, vídeos curtos e até quizzes interativos para testar o conhecimento dos colaboradores.

Workshops e Palestras: Organizar workshops e palestras com especialistas em segurança da informação pode ser uma maneira de aprofundar o conhecimento dos funcionários sobre temas específicos, como a proteção de dados pessoais ou a segurança em dispositivos móveis.

Exemplos de Programas de Sucesso

Diversas empresas ao redor do mundo implementaram programas de educação e conscientização sobre segurança com resultados notáveis. Aqui estão alguns exemplos de como essas iniciativas podem funcionar:

Google: O Google realiza treinamentos de segurança frequentes para seus funcionários e utiliza simulações de phishing para garantir que todos saibam identificar ameaças. Eles também promovem uma cultura de segurança aberta, incentivando os funcionários a relatar problemas de segurança sem medo de retaliação.

IBM: A IBM desenvolveu um programa de conscientização de segurança chamado Think Like a Hacker. Esse programa ensina os funcionários a pensar como um invasor e, assim, identificar pontos fracos que poderiam ser explorados por cibercriminosos. O resultado foi um aumento significativo na detecção e prevenção de ameaças.

Netflix: A Netflix incorpora a segurança da informação em sua cultura corporativa desde o onboarding dos funcionários. A empresa promove treinamentos constantes, além de campanhas de conscientização que utilizam vídeos curtos e gráficos para explicar conceitos complexos de forma simples e acessível.

A educação e a conscientização são componentes essenciais para garantir a segurança da informação dentro de uma empresa. Criar uma cultura de segurança é um processo contínuo que requer o envolvimento de todos os níveis da organização. Ao implementar programas de treinamento regulares, promover campanhas de conscientização e incentivar uma atitude proativa em relação à segurança, as empresas podem reduzir drasticamente o risco de incidentes de segurança causados por erro humano. O investimento em educação e cultura de segurança não só protege os dados e sistemas, mas também fortalece a confiança entre os funcionários e a empresa, criando um ambiente mais seguro e produtivo.

CAPÍTULO 10

Planejamento de Continuidade de Negócios

A continuidade de negócios é um dos pilares fundamentais para garantir que uma empresa possa enfrentar e superar crises, especialmente aquelas relacionadas à infraestrutura de TI. Um desastre — seja um ataque cibernético, falha de hardware, catástrofe natural ou erro humano — pode interromper as operações de uma organização, resultando em prejuízos financeiros, danos à reputação e até mesmo na falência do negócio. No entanto, muitas empresas ainda negligenciam a criação de um Plano de Continuidade de Negócios (PCN), o que as deixa vulneráveis a crises. Este capítulo aborda o conceito de continuidade de negócios, a criação de um plano eficaz e a importância de testes e revisões periódicas para garantir sua eficácia.

O Que é Continuidade de Negócios e Por Que é Importante?

Continuidade de negócios refere-se à capacidade de uma empresa de manter suas operações essenciais funcionando durante e após uma crise. O principal objetivo de um plano de continuidade de negócios é minimizar o impacto de interrupções e garantir que os serviços críticos sejam restaurados o mais rápido possível.

Em um mundo onde as empresas dependem cada vez mais de sistemas digitais e interconectados, as interrupções podem ter um efeito dominó. Por exemplo, a falha de um servidor pode levar à indisponibilidade de um site de e-commerce, causando a perda de vendas, impactando a satisfação do cliente e prejudicando a reputação da marca. Sem um plano de continuidade, a empresa pode não estar preparada para reagir a esses eventos de forma rápida e eficaz.

Além disso, muitos setores regulados, como o financeiro e o de saúde, exigem que as empresas tenham um plano formal de continuidade de negócios para garantir conformidade com as leis e regulamentos de proteção de dados e segurança.

Criando um Plano de Continuidade e Recuperação de Desastres

Criar um plano de continuidade de negócios envolve várias etapas, desde a identificação dos principais riscos até a criação de procedimentos para mitigar esses riscos e garantir a recuperação rápida dos sistemas críticos. O plano deve ser personalizado para as necessidades da empresa, levando em consideração o porte da organização, sua infraestrutura de TI e o tipo de operações envolvidas.

Aqui estão os principais passos para criar um plano de continuidade de negócios eficaz:

Análise de Impacto nos Negócios (BIA): O primeiro passo na criação de um plano de continuidade é realizar uma análise de impacto nos negócios (Business Impact Analysis). A BIA identifica os processos críticos da empresa, avaliando como uma interrupção afetaria as operações. Também determina quais funções precisam ser priorizadas para garantir que as atividades essenciais sejam retomadas o mais rapidamente possível.

Identificação de Riscos e Ameaças: Uma análise detalhada dos possíveis riscos e ameaças à continuidade de negócios é essencial. Isso inclui desde falhas técnicas, como quedas de energia ou ataques cibernéticos, até desastres naturais, como inundações ou incêndios. Cada um desses riscos deve ser avaliado em termos de probabilidade e impacto potencial.

Definição de Procedimentos de Recuperação de Desastres (DRP): A recuperação de desastres (Disaster Recovery Plan) é uma parte crucial do plano de continuidade. O DRP detalha os procedimentos que devem ser seguidos para restaurar sistemas críticos e dados após uma interrupção. Isso inclui procedimentos de backup e recuperação, configuração de servidores de backup e redes alternativas para garantir que as operações sejam retomadas rapidamente.

Estratégias de Mitigação: Para reduzir o impacto de uma crise, o plano de continuidade deve incluir estratégias de mitigação. Isso pode envolver a duplicação de sistemas críticos em locais diferentes (disaster recovery sites), o uso de soluções de backup em nuvem, a implementação de redundância de hardware e o treinamento dos funcionários em procedimentos de resposta a emergências.

Comunicação em Caso de Crise: A comunicação clara e eficiente é fundamental durante uma crise. O plano deve incluir um protocolo de comunicação que defina quem será responsável por informar os funcionários, clientes e parceiros sobre a situação. Manter todas as partes interessadas informadas reduz o pânico e ajuda a coordenar os esforços de recuperação.

Responsabilidades Definidas: Cada função dentro do plano de continuidade deve ser claramente atribuída a uma pessoa ou equipe específica. Por exemplo, quem será responsável por restaurar o servidor principal? Quem deve notificar os clientes? Esse nível de clareza evita confusão e garante uma resposta rápida e coordenada.

Estabelecimento de RTO e RPO: Dois conceitos críticos na recuperação de desastres são o RTO (Recovery Time Objective) e o RPO (Recovery Point Objective). O RTO define o tempo máximo aceitável para a recuperação de sistemas após uma interrupção, enquanto o RPO determina o ponto de recuperação mais recente dos dados (ou seja, o quanto de perda de dados é aceitável). Ambos os objetivos ajudam a direcionar as estratégias de recuperação e o tempo de resposta.

Testes e Revisões Periódicas: Garantindo a Efetividade do Plano

Ter um plano de continuidade de negócios é apenas o primeiro passo. Para garantir que ele funcione conforme esperado, é essencial realizar testes periódicos e revisões regulares. Muitas empresas cometem o erro de desenvolver um plano e nunca testá-lo, descobrindo suas falhas apenas quando uma crise real ocorre.

Simulações de Desastres: Realizar testes de simulação é uma das melhores maneiras de verificar a eficácia do plano de continuidade. Esses testes simulam cenários de crise, como uma falha de servidor ou um ataque cibernético, e permitem que a equipe pratique a resposta. Esses exercícios ajudam a identificar lacunas no plano e fornecem uma oportunidade para ajustá-lo antes que um incidente real aconteça.

Testes de Recuperação de Dados: Os backups de dados devem ser testados regularmente para garantir que as informações possam ser restauradas rapidamente e sem problemas. A realização de testes de restauração ajuda a garantir que os backups estão funcionando corretamente e que a empresa será capaz de acessar seus dados quando necessário.

Revisão Periódica do Plano: O ambiente de negócios e a infraestrutura de TI de uma empresa estão sempre mudando. Novos sistemas são implementados, novos riscos surgem e as prioridades podem mudar. Por isso, é importante revisar e atualizar o plano de continuidade regularmente para garantir que ele continue relevante e eficaz. Recomenda-se realizar uma revisão pelo menos uma vez por ano ou sempre que houver mudanças significativas na infraestrutura ou nos processos da empresa.

Treinamento da Equipe: Testes e revisões são oportunidades para treinar a equipe envolvida no plano de continuidade. Todos os funcionários devem estar cientes de seus papéis e responsabilidades em caso de crise, e os treinamentos devem ser realizados de forma contínua para garantir que todos saibam como reagir adequadamente.

Como um Bom Plano de Continuidade Pode Proteger a Empresa

Um plano de continuidade de negócios bem elaborado pode ser a diferença entre uma crise temporária e o colapso total de uma empresa. Aqui estão algumas maneiras de como um bom plano pode proteger a organização:

Minimização do Tempo de Inatividade: Um dos maiores riscos para uma empresa durante uma crise é o tempo de inatividade. Quanto mais tempo os sistemas críticos estiverem fora do ar, maiores são os prejuízos. Um plano de continuidade bem estruturado reduz o tempo necessário para retomar as operações, minimizando as perdas.

Proteção da Reputação: Quando uma empresa tem um plano claro e eficaz de continuidade, ela transmite confiança aos seus clientes e parceiros. Saber que a organização está preparada para lidar com crises aumenta a confiança e protege a reputação da empresa, mesmo em tempos de dificuldade.

Redução de Custos: O custo de uma crise pode ser enorme, especialmente quando a empresa não está preparada. Um plano de continuidade bem executado ajuda a reduzir os custos associados à recuperação de desastres, evitando a perda de dados, danos a equipamentos e longos períodos de inatividade.

Conformidade com Regulamentos: Muitos setores exigem que as empresas tenham um plano formal de continuidade de negócios. Cumprir esses regulamentos não apenas evita multas e sanções, mas também protege a organização de riscos legais associados à perda de dados ou falha em atender aos requisitos de segurança.

A criação e implementação de um plano de continuidade de negócios são essenciais para proteger a empresa contra os riscos inevitáveis de uma crise de TI. Desde a análise de riscos até a definição de estratégias de recuperação, um bom plano garante que a organização esteja preparada para enfrentar interrupções de forma eficaz. Além disso, ao realizar testes regulares e treinar a equipe, a empresa garante que, quando a crise acontecer, estará pronta para responder rapidamente e retomar suas operações com o mínimo de impacto.

CAPÍTULO 11

Inovação e Transformação Digital Segura

A transformação digital tem sido um motor impulsionador de inovação em empresas de todos os setores, permitindo que elas adotem novas tecnologias e processos para melhorar a eficiência, atender melhor aos clientes e obter uma vantagem competitiva. No entanto, muitos líderes empresariais ainda hesitam em inovar devido a preocupações com segurança. O medo de ataques cibernéticos, vazamentos de dados ou falhas de sistema pode fazer com que empresas evitem investir em novas tecnologias. Este capítulo mostra que a inovação e a segurança não são mutuamente exclusivas, e que é possível adotar novas tecnologias de forma segura com as práticas corretas.

A Inovação Pode Ser Segura com as Práticas Certas

Inovar é uma necessidade para manter a competitividade no mercado atual. A transformação digital permite que as empresas adotem novas tecnologias como cloud computing, inteligência artificial (IA), automação e big data para otimizar suas operações e entregar valor aos clientes. No entanto, muitas empresas têm receio de que essas inovações possam expor seus dados e sistemas a novos riscos. Esse medo é compreensível, mas não deve impedir a adoção de tecnologias inovadoras.

O caminho para a inovação segura começa com a conscientização e o planejamento estratégico. As empresas precisam entender que os riscos de segurança podem ser mitigados com a adoção de boas práticas de cibersegurança e a implementação de controles apropriados. Aqui estão algumas práticas fundamentais para garantir que a inovação tecnológica seja realizada de forma segura:

Avaliação de Riscos Pré-Inovação: Antes de adotar uma nova tecnologia, é essencial realizar uma avaliação de riscos detalhada para identificar possíveis vulnerabilidades. Isso inclui a análise de como a nova tecnologia se integrará aos sistemas existentes e quais impactos ela pode ter na segurança da informação.

Adotar uma Cultura de Segurança: A inovação deve ser sustentada por uma cultura de segurança que envolva todos os colaboradores da empresa. Isso significa que, desde o planejamento até a implementação de novas tecnologias, a segurança deve ser parte central das discussões. Quando a segurança é integrada ao processo de inovação, a empresa pode avançar com confiança.

Segurança por Design: Uma abordagem recomendada para a inovação é a prática da segurança por design, que significa incorporar medidas de segurança desde o início do desenvolvimento ou adoção de novas tecnologias. Isso evita a necessidade de soluções reativas e garante que as tecnologias sejam seguras desde o início.

Adotando Novas Tecnologias com Segurança

Para muitas empresas, adotar novas tecnologias pode parecer uma tarefa complexa e arriscada, especialmente em um cenário de ameaças cibernéticas crescentes. No entanto, é possível incorporar inovações de forma segura com a devida preparação. Aqui estão algumas orientações sobre como adotar tecnologias modernas de maneira segura:

Cloud Computing: O uso de computação em nuvem traz inúmeros benefícios, como escalabilidade, flexibilidade e redução de custos. No entanto, a segurança em ambientes de nuvem deve ser uma prioridade. É essencial escolher provedores de nuvem que ofereçam medidas robustas de segurança, como criptografia de dados, autenticação multifator e controle de acesso rigoroso. Além disso, a empresa deve manter políticas claras sobre o uso de dados na nuvem e garantir que os dados sensíveis estejam adequadamente protegidos.

Automação: A automação de processos de TI, como o gerenciamento de segurança, a detecção de ameaças e a resposta a incidentes, pode melhorar a eficiência e reduzir o tempo de resposta a ataques. No entanto, as ferramentas de automação devem ser implementadas com cuidado. Garantir que as automações sejam configuradas corretamente, com acesso restrito, e que estejam em conformidade com as políticas de segurança da empresa é essencial para evitar falhas.

Inteligência Artificial: A IA é uma das tecnologias mais inovadoras atualmente e pode ser usada para detectar e mitigar ameaças de segurança. Ferramentas de IA podem monitorar sistemas em tempo real, identificar comportamentos anômalos e fornecer uma resposta proativa a incidentes. No entanto, a IA também pode ser vulnerável a ataques, como o envenenamento de dados, onde informações maliciosas são introduzidas para manipular o comportamento da IA. A solução é monitorar e treinar continuamente os sistemas de IA com dados confiáveis e protegidos.

Big Data: A análise de grandes volumes de dados pode ajudar a empresa a tomar decisões mais informadas e estratégicas. Porém, a proteção de dados sensíveis é um desafio crítico. As empresas devem garantir que todas as medidas de segurança — como criptografia e controle de acesso — estejam em vigor para proteger os dados contra acessos não autorizados. Além disso, a conformidade com regulamentações como a LGPD e a GDPR é essencial para garantir que a coleta e o processamento de dados sejam realizados de forma ética e segura.

Integração Segura de Automação e Inteligência Artificial

A combinação de automação e inteligência artificial oferece grandes oportunidades para empresas que buscam otimizar suas operações, melhorar a eficiência e se proteger contra ameaças cibernéticas. No entanto, a implementação dessas tecnologias deve ser feita com precaução, garantindo que todos os aspectos de segurança estejam devidamente cobertos.

Automação de Processos de Segurança: A automação pode ser usada para realizar tarefas repetitivas, como monitoramento de logs, análise de tráfego de rede e aplicação de atualizações de segurança. Isso libera a equipe de TI para se concentrar em tarefas mais estratégicas. No entanto, é fundamental garantir que a automação seja configurada corretamente, com políticas de segurança claras, e que esteja integrada com outras ferramentas de segurança, como firewalls e sistemas de detecção de intrusões.

Inteligência Artificial na Detecção de Ameaças: Ferramentas baseadas em IA são capazes de aprender padrões normais de comportamento e detectar atividades suspeitas em tempo real. Elas podem identificar anomalias, como tentativas de login incomuns ou movimentação lateral dentro da rede, que podem ser sinais de um ataque cibernético. A IA pode até sugerir ações de resposta imediata, como isolar o sistema comprometido.

Segurança na Automação e IA: Ao integrar IA e automação, é essencial garantir que as soluções adotadas sejam testadas rigorosamente para evitar erros e vulnerabilidades. A implementação deve incluir políticas claras de controle de acesso, monitoramento contínuo e auditorias regulares para garantir que as automações e os algoritmos de IA estejam funcionando conforme o esperado e de maneira segura.

Estudo de Caso: Inovação Segura em Uma Empresa de Tecnologia

Para ilustrar como a inovação pode ser realizada de forma segura, vejamos um estudo de caso fictício de uma empresa de tecnologia que conseguiu integrar novas tecnologias com sucesso, sem comprometer a segurança.

Empresa TechSecure: A TechSecure é uma empresa de desenvolvimento de software que decidiu migrar sua infraestrutura para a nuvem para reduzir custos e melhorar a escalabilidade de seus serviços. Ao mesmo tempo, a empresa começou a usar IA para aprimorar seu suporte técnico, automatizando o atendimento ao cliente e utilizando análise preditiva para identificar falhas em seus sistemas antes que elas ocorram.

Desafios Enfrentados:

- Preocupação com a segurança dos dados dos clientes armazenados na nuvem.
- A necessidade de garantir que a automação do atendimento ao cliente não violasse as políticas de privacidade dos dados.
- Garantir que as ferramentas de IA não fossem vulneráveis a ataques cibernéticos.

Soluções Implementadas:

Escolha de Provedor de Nuvem Segura: A TechSecure escolheu um provedor de nuvem que oferecia criptografia de dados, autenticação multifator e conformidade com regulamentações internacionais de privacidade, como a GDPR.

Políticas de Privacidade Rigorosas: A empresa implementou políticas rigorosas de privacidade para proteger os dados dos clientes e garantir que os dados processados pela IA fossem anonimizados.

Monitoramento Contínuo e Auditoria de IA: A TechSecure realizou auditorias periódicas dos algoritmos de IA para garantir que estivessem funcionando de forma segura e ajustou continuamente suas automações para se proteger contra novas ameaças.

Resultados:

- A empresa reduziu seus custos operacionais em 30% ao migrar para a nuvem.
- O tempo de resposta no suporte técnico foi reduzido em 40% com o uso da IA, melhorando a satisfação do cliente.

A TechSecure não registrou incidentes de segurança desde a implementação dessas tecnologias, graças às suas medidas proativas de segurança.

A inovação tecnológica é essencial para a sobrevivência e o crescimento de empresas no mercado competitivo de hoje, mas a segurança não pode ser negligenciada nesse processo. Com a adoção das práticas certas, como a avaliação de riscos, a implementação de uma cultura de segurança e o uso de tecnologias como IA e automação de forma segura, as empresas podem inovar com confiança. Integrar segurança desde o início das inovações não apenas protege a empresa, mas também oferece uma vantagem competitiva, permitindo que ela adote novas tecnologias de forma ágil e eficiente.

CAPÍTULO 12

Futuro da Segurança da Informação
e Tendências Emergentes

MANOEL ARAUJO ALVES

O futuro da segurança da informação está em constante evolução, impulsionado por novas tecnologias e pela sofisticação crescente das ameaças cibernéticas. Embora as empresas já enfrentem uma ampla gama de desafios relacionados à segurança hoje, o cenário de ameaças está se tornando cada vez mais complexo, exigindo que as organizações se adaptem de maneira contínua e flexível. Muitas empresas, no entanto, ainda não estão preparadas para lidar com os riscos futuros que emergem à medida que novas tecnologias se tornam comuns no ambiente corporativo. Este capítulo explora as tendências emergentes em segurança da informação, oferece previsões sobre futuras ameaças e sugere práticas que as empresas podem adotar hoje para se prepararem para as mudanças tecnológicas que estão por vir.

Tendências Emergentes em Segurança da Informação

Nos próximos anos, a segurança da informação estará intimamente ligada a várias inovações tecnológicas e a novos modelos de negócios. Abaixo estão algumas das principais tendências que moldarão o futuro da cibersegurança:

Segurança com Base em Inteligência Artificial (IA): A inteligência artificial tem sido cada vez mais aplicada para aprimorar a segurança cibernética, mas seu papel no futuro será ainda mais crucial. A IA será usada para detecção preditiva de ameaças, onde algoritmos analisam comportamentos e padrões em tempo real para identificar anomalias antes que causem danos. Além disso, soluções baseadas em IA poderão responder a ataques cibernéticos de forma autônoma, isolando ameaças e protegendo dados sem a necessidade de intervenção humana imediata.

Segurança em Ambientes de Computação Quântica: A computação quântica promete revolucionar o processamento de dados, mas também traz preocupações significativas em termos de segurança. A criptografia tradicional pode se tornar obsoleta quando os computadores quânticos atingirem sua maturidade, sendo capazes de quebrar rapidamente as proteções baseadas em criptografia que usamos hoje. A criação de algoritmos quânticos para segurança será uma tendência emergente crítica, forçando as empresas a adotar novas formas de criptografia que possam resistir à capacidade dos computadores quânticos.

Zero Trust Architecture (ZTA): O conceito de Zero Trust se baseia no princípio de que nenhuma entidade, interna ou externa, deve ser automaticamente confiável dentro de uma rede corporativa. Esse modelo já está ganhando popularidade, mas se tornará ainda mais prevalente nos próximos anos, à medida que as ameaças internas e externas se tornam mais sofisticadas. Na arquitetura de Zero Trust, o acesso aos dados é limitado e constantemente verificado, independentemente de onde a solicitação está vindo. Isso minimiza os riscos de violação de dados por meio de credenciais comprometidas ou ataques de engenharia social.

Segurança para Dispositivos IoT: Com a crescente adoção de dispositivos de Internet das Coisas (IoT), as empresas estarão cada vez mais expostas a vulnerabilidades associadas a esses dispositivos. Sensores inteligentes, câmeras de segurança conectadas e equipamentos de automação de ambientes corporativos precisam ser protegidos contra invasões que podem comprometer a segurança de toda a rede. A segurança em IoT será uma prioridade nas empresas, e o uso de criptografia de ponta a ponta, autenticação forte e monitoramento contínuo será essencial para mitigar os riscos associados a esses dispositivos.

5G e a Segurança em Redes de Alta Velocidade: A adoção das redes 5G oferecerá velocidades sem precedentes para as empresas, permitindo a implementação de tecnologias como realidade aumentada (AR), realidade virtual (VR) e automação industrial. No entanto, o 5G também abre novas portas para ataques cibernéticos, especialmente em ambientes onde o tráfego de dados se torna mais disperso e as redes são altamente distribuídas. Garantir a segurança em redes 5G será crucial, exigindo novos padrões de criptografia e monitoramento de tráfego.

Adaptação Contínua e Flexibilidade em TI

Diante dessas tendências emergentes, as empresas precisam ser proativas em sua abordagem à segurança, adotando a flexibilidade e a capacidade de se adaptar rapidamente às mudanças tecnológicas e de ameaças. Isso significa que as organizações não podem mais confiar em soluções de segurança rígidas e estáticas; elas precisam implementar infraestruturas de TI dinâmicas que sejam capazes de evoluir à medida que novas tecnologias e ameaças surgem.

Aqui estão algumas abordagens para garantir uma segurança adaptável e resiliente:

Atualização Constante de Ferramentas e Protocolos: As ferramentas de segurança e protocolos devem ser constantemente revisados e atualizados para acompanhar as ameaças mais recentes. Isso inclui manter softwares de segurança atualizados, implementar patches de vulnerabilidades de forma rápida e revisar periodicamente as políticas de segurança.

Capacitação Contínua dos Profissionais de TI: As ameaças cibernéticas estão em constante evolução, e o mesmo deve acontecer com o conhecimento e a preparação dos profissionais de TI. As empresas precisam investir regularmente em treinamentos e certificações para garantir que suas equipes estejam atualizadas com as melhores práticas de segurança e saibam como implementar as novas tecnologias com segurança.

Adoção de Arquitetura de Microserviços: Em vez de sistemas monolíticos, a adoção de arquiteturas de microserviços proporciona maior flexibilidade e segurança. Microserviços permitem que as empresas isolem partes do sistema e apliquem controles de segurança específicos a cada módulo, minimizando o impacto de um possível ataque cibernético.

Automação em Segurança Cibernética: A automação continuará a ser uma tendência fundamental para garantir que as empresas possam responder rapidamente a incidentes de segurança. Automatizar tarefas como a aplicação de patches, o monitoramento de anomalias e a geração de relatórios de conformidade ajuda a reduzir o tempo de resposta e a aumentar a eficiência das equipes de segurança.

Previsões Sobre o Futuro das Ameaças e Defesas

À medida que novas tecnologias emergem, as ameaças cibernéticas também continuarão a evoluir. O aumento no volume e na sofisticação de ataques exigirá que as empresas estejam um passo à frente, antecipando possíveis vulnerabilidades e implementando defesas robustas. Aqui estão algumas previsões sobre as ameaças e defesas que podemos esperar no futuro:

Ataques Baseados em IA: Da mesma forma que a IA é usada para detectar ameaças, os cibercriminosos também estão utilizando a IA para melhorar seus ataques. Ataques de IA adversária, onde algoritmos são usados para manipular sistemas de defesa, podem se tornar mais comuns. Isso significa que a segurança da informação precisará evoluir para combater esses ataques sofisticados.

Ataques à Infraestrutura Crítica: Com a crescente digitalização de setores como energia, saúde e transporte, ataques direcionados a infraestruturas críticas se tornarão mais prevalentes. As empresas precisarão reforçar suas defesas e desenvolver planos de resposta a incidentes específicos para proteger esses sistemas.

Phishing e Engenharia Social Mais Sofisticados: Embora os ataques de phishing já sejam conhecidos, a evolução da inteligência artificial permitirá que esses ataques se tornem mais persuasivos e personalizados. As empresas precisarão implementar camadas adicionais de autenticação e educar constantemente seus funcionários para evitar cair em armadilhas cada vez mais sofisticadas.

Preparando-se para o Futuro com Práticas Atuais

Para se preparar adequadamente para o futuro da segurança da informação, as empresas precisam adotar práticas proativas que possam ser implementadas desde agora. Aqui estão algumas maneiras de garantir que sua organização esteja pronta para enfrentar as ameaças futuras:

Implementar o Zero Trust Agora: O modelo de segurança Zero Trust deve ser uma prioridade. Ao adotar esse modelo, as empresas podem garantir que o acesso a seus sistemas seja verificado e monitorado continuamente, reduzindo o risco de ataques internos e externos.

Incorporar Inteligência Artificial de Forma Segura: As empresas devem começar a explorar as ferramentas de IA para melhorar suas defesas, mas sempre mantendo a segurança dessas ferramentas em mente. A IA pode ser um aliado poderoso, mas precisa ser implementada com as devidas proteções para evitar a exploração maliciosa.

Desenvolver Planos de Resposta a Incidentes Cibernéticos: Um plano robusto de resposta a incidentes é essencial para minimizar o impacto de ataques cibernéticos. As empresas devem simular cenários de ataque e realizar testes de estresse regularmente para garantir que possam responder rapidamente a uma crise.

Investir em Segurança para Dispositivos IoT e 5G: Com a proliferação de dispositivos conectados e a introdução do 5G, as empresas precisam desde já garantir que suas infraestruturas sejam seguras. Isso envolve o uso de redes segmentadas, criptografia avançada e monitoramento contínuo desses dispositivos.

O futuro da segurança da informação será marcado por mudanças rápidas e desafiadoras, exigindo que as empresas adotem uma abordagem proativa e flexível. Com a evolução de tecnologias como inteligência artificial, IoT e 5G, e o surgimento de novas ameaças, as organizações que adotarem as práticas adequadas de segurança estarão em uma posição de destaque para proteger seus dados e operações. A preparação para o futuro começa agora, com a implementação de soluções inovadoras e uma abordagem contínua de adaptação às novas realidades do mundo digital.

CONCLUSÃO

Ao longo deste livro, exploramos as diversas facetas da gestão de TI e segurança da informação em ambientes corporativos. Desde os fundamentos essenciais, como confidencialidade, integridade e disponibilidade, até as práticas mais complexas de automação, inovação e proteção de dados pessoais, foi possível observar como a segurança da informação está intrinsecamente ligada ao sucesso e à continuidade das operações empresariais no mundo moderno.

Discutimos a importância de avaliar riscos e vulnerabilidades, a criação de políticas de segurança bem estruturadas e a adoção de práticas robustas de backup e recuperação de dados. Também abordamos as ameaças internas e externas que rondam as empresas, destacando a importância de educar funcionários e promover uma cultura de segurança. O planejamento de continuidade de negócios e a integração segura de novas tecnologias, como automação e inteligência artificial, foram destacados como fundamentais para garantir que a empresa esteja preparada para enfrentar crises e desafios futuros.

O ponto central de todo esse conteúdo é que a segurança da informação não é estática. As ameaças estão em constante evolução, e as práticas e ferramentas que funcionam hoje podem não ser suficientes amanhã. Por isso, a adaptação contínua é crucial. Empresas que adotam uma abordagem proativa e integrada para a segurança, implementando controles rígidos, educando suas equipes e se mantendo atualizadas com as tendências emergentes, estarão melhor posicionadas para proteger seus ativos mais valiosos — seus dados e informações.

Assim como o mundo dos negócios e da tecnologia está em transformação constante, a segurança da informação também precisa acompanhar esse ritmo. A transformação digital deve ser vista como uma oportunidade, e não uma ameaça, desde que seja feita de forma segura e planejada. Com a adoção de uma postura estratégica, as empresas podem inovar e crescer sem comprometer a integridade de seus sistemas e dados.

Minha mensagem final para empresários e profissionais corporativos é clara: não espere até que seja tarde demais para agir. A segurança da informação deve ser uma prioridade desde o início. Invista em sua equipe, em tecnologia e em boas práticas, e crie um ambiente onde a segurança seja parte da cultura organizacional. Com essas medidas, vocês estarão não apenas protegendo suas operações, mas também garantindo a longevidade e a competitividade no mercado.

Lembre-se: a segurança da informação é um processo contínuo e uma responsabilidade coletiva. O futuro pertence àqueles que estiverem preparados para os desafios, e a preparação começa agora.

www.ingramcontent.com/pod-product-compliance
Lightning Source LLC
Chambersburg PA
CBHW052259220526
45471CB00001B/403